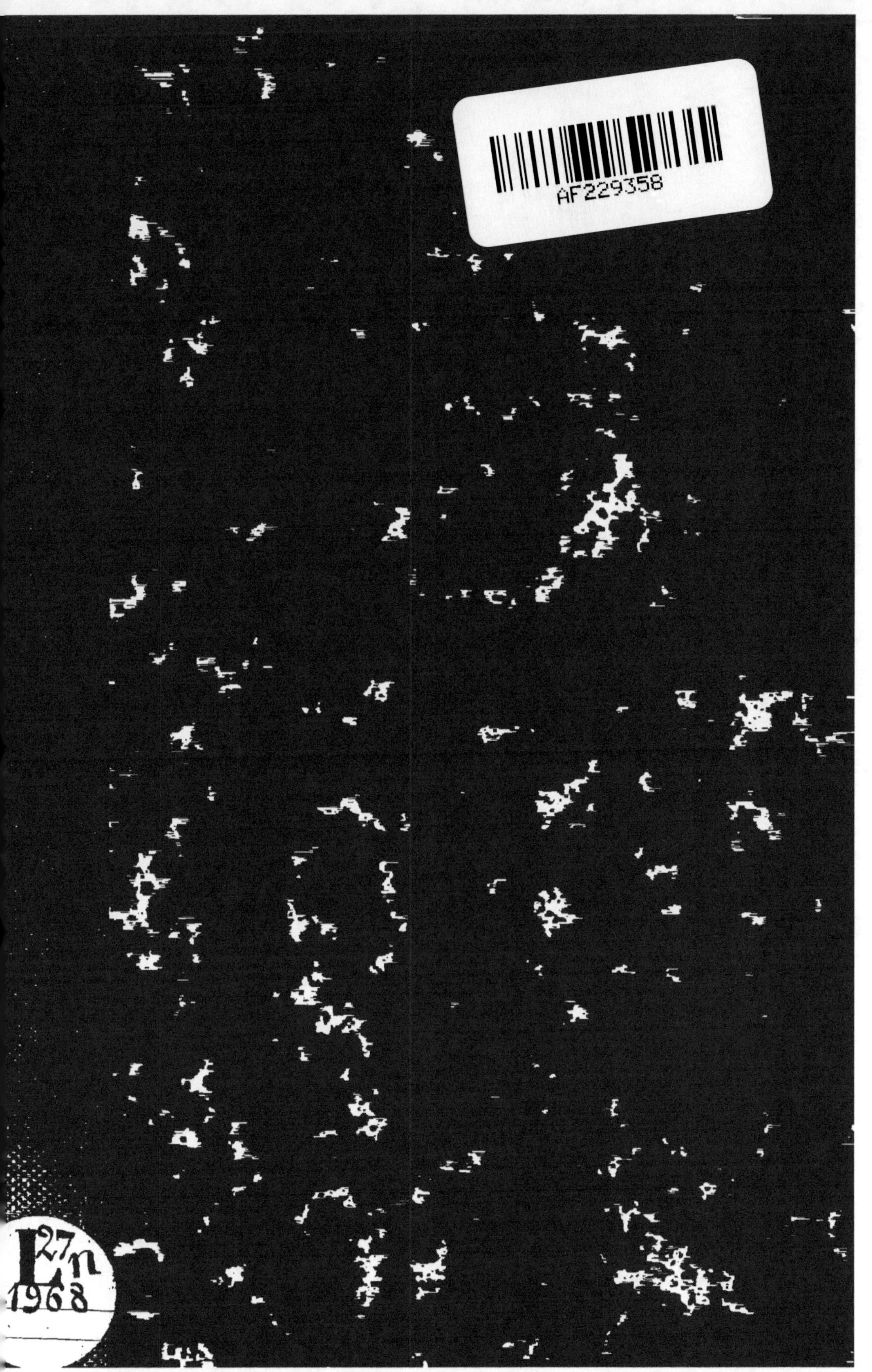
AF229358

ÉTUDES BIOGRAPHIQUES

ÉTUDES BIOGRAPHIQUES

SUR

Edmond DU BOULLAY, Claude HENRIET

FOURNIER ET Dom BROCQ

PAR HENRI MENU

Châlons-sur-Marne

J.-L. LE ROY, IMPRIMEUR-LIBRAIRE

rue d'Orfeuil, 14-16

1866

A Monsieur AUBERT

Curé de Juvigny (Marne)

Membre de l'Académie de Reims

L'AUTEUR RECONNAISSANT

En faisant quelques recherches dans les publications lorraines, nous avons trouvé des notes biographiques fort intéressantes sur plusieurs personnages nés dans le département de la Marne. Ces notes s'augmentèrent, grâce aux bienveillantes communications de M. Clerx, conservateur de la bibliothèque de Metz, et les auteurs locaux nous apportèrent aussi leur contingent de précieux renseignements.

Nous avons pu ainsi reconstituer la vie du héraut-d'armes Edmond Du Boullay, celles non moins remarquables de Claude Henriet, peintre verrier, de l'évêque Fournier et de l'érudit bénédictin dom Brocq. Nous croyons être utile aux biographes en publiant ces notices.

Châlons, décembre 1865.

Edmond DU BOULLAY, Rémois.

Parmi les Rémois du xviᵉ siècle, pour lesquels on
peut revendiquer une place honorable dans une biographie locale, et dont les œuvres protestent contre
l'injuste oubli où elles sont tombées, on peut citer
Edmond Du Boullay, aujourd'hui presque inconnu
dans sa ville natale, et qui, par ses écrits historiques,
généalogiques et poétiques, décèle un esprit cultivé
et un caractère original.

Edmond Du Boullay et non du Boulay, comme
l'écrivent les biographes, naquit à Reims vers le commencement du xviᵉ siècle. Nos recherches sur les premières années de sa vie sont restées infructueuses ;
mais les renseignements épars dans ses ouvrages per-
mettent d'affirmer qu'il reçut une éducation libérale,
et qu'il dut séjourner à Paris où ses goûts poétiques
paraissent l'avoir mis en relation avec les célébrités de
l'époque ; c'est du moins ce qu'on peut induire du
titre de l'un de ses ouvrages où il se dit lui-même
disciple de Marot.

Ce fut, sans doute, pendant ce séjour dans la
capitale qu'il reçut du roi François Iᵉʳ des lettres de
noblesse, et qu'il composa ses armoiries, *d'argent à
un chevron de gueules cantonné de trois cottes
d'armes d'azur bordées d'or, avec la devise :*

VIRESCIT VULNERE VIRTUS.

On ignore l'époque précise de son entrée au service
des princes lorrains ; toutefois, il habitait la Lorraine
dès l'année 1538, ainsi que le témoigne la date de l'un
de ses manuscrits. Trois ans plus tard, il était régent
de la grande école de Metz, et publiait *un dialogue
en forme d'argument, auquel sont introduits*

1

*Calliope et Edmond **Du Boullay**, disciple de Ma-*
rot, et régent de la grande escolle de Metz, à
l'honneur de Charles V, empereur couronné,
lorsqu'il fut en l'impérialle cité de Metz. Metz,
1541, in-8°.

A cette époque, des poésies composées à l'occasion
du mariage de *François de Lorraine avec Chres-*
tienne de Danemarck (veuve de Francesco-Maria
Sforce, duc de Milan) mirent Du Boullay en relation
avec la cour ducale, à laquelle il fut attaché, en 1542,
en qualité de poursuivant d'armes. Pour remercier le
duc de sa nomination, il lui adressa *un grand mercy*
où il disait :

> *Le grand mercy tant que seroy vivant*
> *Puisque retins m'avez pour poursuivant,*
> *Prince royal, ma muse sonnera,*
> *Et si très hault l'honneur resonnera*
> *Du noble sang de la maison Lorraine.*

Dans ces vers, l'auteur engageait son avenir littéraire, et la naissance de Charles (18 février 1543),
fils de François de Lorraine, vint bientôt lui fournir
une occasion d'accomplir sa promesse, en publiant :
Les dialogues des trois étatz de Lorraine sur la
très ioieuse nativité du très hault et très illustre
prince Charles de Lorraine, fils aisné de très
hault et très-puissant prince Francoys, duc de
Bar, etc., et de très haulte et très illustre prin-
cesse Madame Chrestienne de Danemarck, son
épouse, avec la généalogie de tous les roys et
ducz qui ont régné en Austrasie dicte Lorraine,
depuis Adam iusques audict prince Charles, nou-
uellement nay, ensemble ung chant royal, troys
cantiques et une péroration. Cet ouvrage forme un
volume petit in-folio imprimé presque entièrement à
trois colonnes, savoir : deux en lettres italiques, et
celle du milieu en caractères romains ; le titre est en-
cadré de figures gravées sur bois. Au revers, un bras

armé protège l'écu de Lorraine. A la fin de la généalogie, on voit une gravure divisée en deux comparti-
ments, dont le premier représente Adam et Ève chas-
sés du paradis, et le deuxième représente une bataille.
A la fin du volume on lit : *Imprimé en la cité imperialle de Strasbourg, par Georges Messer
Schmidt, le mardy huictiesme iour de may, dudict an mil cinq cens quarante troys.*

En la même année, Du Boullay obtint des lettres
confirmatives de sa noblesse.

Au duc Antoine de Lorraine, dit le Bon, mort le
14 juin 1544, succéda son fils qui prit le nom de
François Ier et qui mourut le 12 juin 1545. Ce règne
éphémère laissa la couronne ducale à un enfant
(Charles III) qui gouverna sous la régence de sa mère,
Chrétienne de Danemarck.

Du Boullay conserva le souvenir de ces événements
dans un opuscule intitulé : *La vie et trespas des
deux princes de paix, le bon duc Anthoine et
saige duc Françoys, premiers de leurs noms, ducz
de Lorraine, ensemble les royalles et très excel-
lentes cérémonies observées et accomplies à leurs
funérailles et enterrements, auec le discours des
alliances et traictez de mariage en la maison
de Lorraine et une lamentable déploration sur
leurs trespas* (1547), petit in-4°. On lit, à la fin
du volume, la mention suivante : *Imprimé en la
cité imperialle de Metz, l'an mil cinq cents
quarante sept, par Jehan Pallier, imprimeur
de ladicte cité.* L'ouvrage est orné de figures héral-
diques.

Nommé héraut-d'armes en 1547, Du Boullay, pour
se conformer aux usages de l'époque, prit le surnom de
Clermont ; il devint peu après roi d'armes, et, en cette
qualité, maître des cérémonies de la cour ducale ; ce
nouvel emploi exigeait de nombreuses connaissances
sur le blason, les preuves et la généalogie nobiliaire ;

aussi Du Boullay se hâta-t-il, sur la demande de la régente de Lorraine, de publier : *Les généalogies de très illustres et très puissans princes, les ducs de Lorraine Marchis, avec le discours des alliances et traictez de mariages accomplis en icelle maison de Lorraine iusques au duc Françoys, dernier décédé* (1 vol. petit in-4°, imprimé à Metz, en 1547, chez Pallier.)

M. de Beaupré, bibliophile lorrain, pense que cet ouvrage de Du Boullay est le même que le précédent ; il appuie son opinion sur le peu de variété des deux volumes, ce qui le porte à croire que Du Boullay fit imprimer plusieurs exemplaires de *La vie et trespas des deux princes de paix*, sous le nouveau titre : *Les Généalogies.* Cette assertion est d'ailleurs confirmée par un compte de 1548, dans lequel on lit : » que 121 fr. 5 gros sont payez à Edmond Du Boul- » lay, roi d'armee de Lorraine, pour remboursement » des frais et peines par lui exposés, tant pour com- » poser que pour faire imprimer, relier et dorer, aussi » graver et enluminer les armes des livres de la gé- » néalogie et cérémonies accomplies aux enterrements » de feus nos seigneurs les ducs Anthoine et Françoys. »

L'année 1549 est l'une des plus fécondes pour les productions de Du Boullay. Nous citerons en première ligne un opuscule intéressant, extrait de *La vie et trespas des deux princes de paix,* et publié sous le titre de *Voyage de Monseigneur le bon duc Anthoine, duc de Lorraine, au mois de novembre 1543, vers l'empereur Charles d'Autriche, cinquième de ce nom, estant alors à Valencienne pour traicter de la paix entre Sa Majesté et celle du roy François de Vallois, premier de ce nom, roy de France, recueilli et composé en rhythme françois.* Paris, 1549. in-4°.

Puis vient une réimpression des *Généalogies de très illustres et très puissans princes les ducz de Lorraine Marchis avec le discours des alliaces* (sic) *et traictez de mariage en icelle maison de Lorraine, iusques au duc Françoys, dernier décédé, dédié à Charles, tiers de ce nom, duc de Lorraine Marchis.* 1549. A Paris, pour Vincent Sertenas, libraire, un volume petit in-8°.

Enfin, *Le combat de la chair et de l'esprit,* opuscule de 72 pages in-8°, imprimé à Paris chez Corrozet.

D. Calmet mentionne sous la rubrique de Paris un ouvrage intitulé : *Péroraisons au supplément où sont contenues plusieurs lignes collatérales des rois d'Austrasie et ducs de Lorraine.* 1550. Cet ouvrage paraît être le supplément du *Dialogue des troys étatz de Lorraine,* imprimés à Metz en 1547.

La mort de Claude de Lorraine (avril 1550) et celle de son frère Jean, duc de Guise (18 mai 1550), donna lieu aux publications suivantes de Du Boullay.

Le très excellent enterrement du très hault et très illustre prince Claude de Lorraine, duc de Guyse et d'Aumalle, pair de France, auquel sont déclarées toutes les cérémonies de la chabre (sic) *d'honneur, du transport du corps, de l'assiette de l'église, de l'ordre de l'offrande et grand dueil, avec les blasons de toutes les pièces d'honneur et bannières armoyées de ses lignes et alliances. A Paris, en la boutique de Gilles Corrozet.* 1550. Petit in-8°. Cet ouvrage, dont les blasons sont coloriés dans quelques exemplaires, a été réimprimé à Paris en 1620, chez Adrien Taupinard.

Le catholicque enterrement de feu Monsieur le Reverendissime et illustrissime cardinal de Lorraine, légat es pays de Lorraine et conseillier ordinaire au priué conseil des très chrestiens roys de France Francoys et Henry de Valloys, premier et second de leurs noms, archeuesque de Narbonne, euesque d'Alby et de Metz, abbé de Cluny, de Fescan, de Marmoustiers, de Saint-

*Ouen et de Gorze, etc., qui trespassa à Nogen-
sur-Yonne le dixhuictième de may mil cinq cent
cinquante.* A Paris, par Jehan d'Allier et par Lazare
Grenet. 1550. Curieux opuscule de 16 pages in-8°.
Le manuscrit de ces deux ouvrages, précieux au point
de vue historique et généalogique, a été vendu à la
salle Sylvestre, à Paris, le 13 novembre 1865.

On ne connait pas d'ouvrages de Du Boullay imprimés postérieurement à l'année 1550. Quant à ses
manuscrits, ils sont nombreux et il est difficile, sinon
impossible, d'en donner une liste complète. Nos recherches ne nous ont fait connaitre que les suivants
sur lesquels nous avons peu de renseignements :

*L'ordre du convoy de très illustre prince
Charles, duc de Gueldre en 1558. — L'illustra-
tion de la grâce de Dieu,* 1541; ces poésies sont
restées inédites; **M.** de Beaupré en possédait le manuscrit autographe. Dans ces vers, **Du Boullay,** à
l'occasion du mariage de **François de Lorraine** et de
Chrétienne de Danemarck, met en scène l'empire et les
états de **Lorraine** qui y font chacun leurs personnages.

Le blason de l'escu de Lorraine, 1542. — *Le
grand mercy d'Edmond Du Boullay,* 1542; **M.** de
Beaupré possédait ces deux ouvrages (manuscrits sur
vélin) reliés en un volume in-4°.

*Fragmen genealogiæ ducum Lotharingiæ. —
Fragmen genealogiæ ducum Guebriæ. — Généalogie des comtes de Ligny. — Généalogie des
comtes de Bricy. — Comment un hérault d'armes
doit rendre son serment. — La cérémonie des
obsèques de Madame la princesse Marguerite
d'Egmond, comtesse de Vaudemont. — Ordonnance pour les obsèques de M. le baron de Châ-
teau-Biraud. — L'ordre observé au convoy de
haut et puissant comte de Salm. — Vies des ducs
de Lorraine. — Ordonnance des vigiles, services
et obsèques de très puissante princesse et du-*

chesse de Lorraine, Madame Catherine de Mont-
ferrat, épouse du duc Thiebaut. — Vies des ducs
Ferry III, Thibaut II, Ferry IV, Raoul, Jean Ier,
Charles II, Réné Ier. — Vigiles, ordonnances et
obsèques de très puissants princes, ducs de Lor-
raine, Thiebaut, Fridéric, Rodolphe. — Som-
maire des grandes adventures survenues au monde
depuis l'enterrement du duc François (1545) jus-
qu'au mois de juillet 1547. — Cérémonial pour
l'enterrement des ducs de Lorraine. Cet ouvrage
obtint l'approbation ducale. — *Histoire de Lor-*
raine. — Alliances de Lorraine dédiées à Charles
de Lorraine, archevêque de Reims, l'an 1560.
In-fol.

On a vu plus haut que les dernières publications
de Du Boullay avaient été imprimées à Paris, cette
particularité s'explique par les événements accomplis
pendant la minorité de Charles III. On sait que le roi
de France, Henri II, craignant que la mère du jeune
duc ne se déclarât pour Charles-Quint, son oncle, lui
enleva la régence et donna le gouvernement de la Lorraine à Nicolas de Vaudemont. Charles III, prisonnier
du vainqueur, dut le suivre à Paris, où il reçut une
éducation toute française.

Or, il est hors de doute que Du Boullay, pendant
ces troubles, n'ait pas jugé prudent de faire paraître
ses opuscules en Lorraine, et que plus tard il n'ait
suivi Charles III à Paris, et repris du service à la
cour de France. Il revint ensuite habiter Reims, sa
ville natale. En 1560, il dédia son manuscrit des
Alliances à l'archevêque de Reims. Dom Lelong et
dom Marlot semblent d'ailleurs confirmer notre hypo-
thèse ; et le premier dit, en parlant d'un ouvrage de
Du Boullay : « Lors hérault d'armes de Lorraine, depuis hérault d'armes en France au titre de Valois et
élu en l'élection de Reims. »

Comme poëte et comme chronologiste, Du Boullay
ne mérite guère l'intérêt des bibliophiles ; son style

est maniéré et ses nombreuses erreurs rebutent la patience du lecteur ; mais comme historien, il demeure l'un des derniers représentants de la chevalerie française. Dans ses publications de circonstance, on trouve sur les mœurs et sur les usages de la noblesse des indications précieuses que l'on chercherait vainement ailleurs.

Sources à consulter : — Abram, *Histoire de l'Université de Pont-à-Mousson.* — Lacroix du Maine, *Bibliothèque française.* — Dom Calmet, *Bibliothèque lorraine.* — Supplément à Moréri. 1755, in-fol. — Dom Lelong, *Bibliothèque historique de France.* — Dom Marlot, *Histoire de Reims.* — Brunet, *Manuel du libraire.* — De Beaupré, *Recherches sur les commencements de l'imprimerie en Lorraine.*

Documents particuliers.

Claude HENRIET, Chalonnais.

La peinture sur verre, exclusivement cultivée à son origine dans les abbayes, entra au xive siècle dans le domaine laïque. Les priviléges accordés aux artistes par des ordonnances royales et les faveurs dont ils jouissaient, à l'égal de la noblesse, donnèrent une nouvelle impulsion à l'art du verrier qui compta bientôt d'illustres représentants dans chaque province.

Plus heureuse que ses rivales, la Champagne vit l'aurore et le déclin de l'art, et depuis Roger, de Reims, qui peignait au xe siècle, jusqu'aux peintres du xviie, on cite un grand nombre d'artistes parmi lesquels on remarque l'illustre Jean Cousin. Les autres peintres de la province sont restés presque tous inconnus malgré leur incontestable talent; et dans les villes riches en verrières, telles que Reims et Châlons, c'est à peine si l'on connaît un seul artiste à qui l'on puisse attribuer ces admirables vitraux, poëmes bibliques échappés aux ravages du temps et des hommes.

Un artiste, Claude Henriet, a seul conservé son nom dans l'histoire châlonnaise; la description de ses travaux non-seulement comme verrier, mais encore comme peintre, fait assez comprendre combien il eût été regrettable de laisser au rang des célébrités secondaires un homme de mérite qui, malgré les méprises des biographes, demeure l'un des plus nobles représentants de l'art dans nos contrées.

Claude Henriet naquit à Châlons-sur-Marne en 1541. C'est la date certaine de sa naissance, si l'on tient compte de l'erreur de dom Calmet qui lui donne 45 ans à son arrivée en Lorraine en 1596, mais comme il est prouvé qu'il faut lire 1586 et non 1596, la naissance est reculée de dix ans.

On ne possède aucun renseignement sur les études artistiques de Claude Henriet, qui dut étudier la peinture sur verre dans sa patrie où l'art était parvenu à son apogée. Malheureusement les vitraux de Saint-Alpin (1520, 1521, 1522 et 1551), ceux de Notre-Dame (1527), ceux de L'Épine (1539), ne sont pas signés, et les auteurs anonymes de ces chefs-d'œuvre ne se recommandent que par la pensée chrétienne qui domine la composition de leurs verrières et par leur bonne exécution matérielle. Les maîtres de Claude, pour la peinture à l'huile, sont également restés inconnus.

Sous l'épiscopat de Jérôme de Burges, Claude peignit les vitres de la cathédrale de Châlons. La beauté du dessin et la richesse des couleurs faisaient estimer son travail qui fut malheureusement détruit lors de l'incendie de 1668. Il est certain qu'il produisit encore d'autres œuvres dans la ville et dans les environs ; il fut sans doute employé à l'ornementation des églises de Saint-Pierre-aux-Monts et de Toussaint, et nous ne pensons pas commettre d'hérésie archéologique en lui attribuant le vitrail de 1577, conservé à Saint-Quentin-sur-Coole.

Vers 1580, Claude Henriet se rendit à Paris, où, suivant dom Calmet, il travailla aux décorations de plusieurs églises. M. Chaubry de Troncenord ajoute que l'on doit à Claude plusieurs verrières de Saint-Étienne-du-Mont ; mais c'est en vain que nous avons cherché un renseignement sur ses travaux dans la capitale, nos démarches ont été inutiles.

Claude n'avait point borné ses connaissances à la peinture sur verre ; il fut de plus un peintre habile, et Félibien dit qu'il avait un talent d'imitation tel, qu'il copia plusieurs fois un tableau d'Andrea-del-Sarto, représentant la sainte famille avec saint Jean, de manière à faire passer ses copies pour des originaux.

En 1586, Charles III, duc de Lorraine, appela Claude à Nancy ; il le nomma peintre ducal et lui

assigna une pension annuelle de 200 francs (monnaie
du pays). Ces avantages déterminèrent l'artiste châlon-
nais à rester en Lorraine où il enseigna et pratiqua le
dessin, la peinture sur verre et la peinture à l'huile,
jusqu'à sa mort.

On lit dans les comptes du trésorier général de
Lorraine, en 1586 : « Payé à Claude de Chaalons,
« peinctre à son altesse, la somme de deux cents sols
« à raison de quatre francs neuf gros pièces, revenant
« à mille quarante cinq francs, monnaie des pays,
« pour plusieurs peinctures qu'il a faictes de l'ordon-
« nance de son Altesse et pour son service. » Malheureusement les documents déposés aux archives des
ducs de Lorraine ne distinguent pas les peintures sur
verre et les tableaux exécutés par l'artiste. Ainsi, dit
M. Meaume, on trouve à la date de 1590, la mention suivante dans les comptes du trésorier général :

« A Claude Henryet, peinctre à son Altesse, la
« somme de quarante trois escus sol, vallans deux cent
« quatre francs trois gros du pays, pour partyes par
« lui faictes et fournies au service de son Altesse,
« durant l'année de ce compte. » La même année,
Claude peignit pour le marquis de Pont, qui devint
plus tard duc de Lorraine sous le nom de Henri II.
On lit dans le même compte : « A Claude Henriet,
« peinctre à Son Altesse, la somme de cent soixante
« et unze francs, monnoye du pays, pour pourtraictz
« de princes qu'il a faict et fourni pour le service de
« Monseigneur le marquis. » Ces portraits, qui n'étaient
pas destinés à un édifice religieux, étaient évidemment
peints à l'huile ; on ignore ce qu'ils sont devenus.

Dans les comptes de l'année suivante (1587) on lit :
« A Claude Henriet, peintre de son altesse, cent qua-
« torze francs pour six cartes peintes de la description
« des duchés, terres et seigneuries de son Altesse. »

Il parait que vers cette époque, Claude demeurait à
Nancy, rue du Pont, n° 24, près du Cheval de bronze.
Quelques années plus tard, en 1591, il fut compris

par le duc Charles au nombre des privilégiés auxquels on distribuait des terrains ; on lui donna « une place « à bâtir dans la rue de l'Église commençant à la « grande place dite à présent de la Licorne ; » c'est aujourd'hui la rue des Carmes.

En 1600, Claude, aidé par Remond Constant et Moyse Bougault, peintres de Nancy, fut employé au palais ducal à « rabiller les peinctures effacées de la galerie des cerfs. »

Son dernier travail connu est une peinture faite en juillet 1603 et mentionnée dans les dépenses du trésorier de François, comte de Vaudemont.

Les principaux élèves de Henriet furent Claude de Ruet, peintre d'origine châlonnaise, et maître de Claude Gellée dit le Lorrain, Gilles Sylvestre, Bellange, nommé peintre du duc de Lorraine en 1603, enfin Jacques Callot, l'habile graveur connu de tous les iconophiles.

Marié probablement à Nancy, Henriet eut trois enfants ; on ignore quelle fut la destinée de celui nommé Silvestre Israël par dom Calmet ; l'autre, Israël Henriet, né à Nancy dans la rue du Pont, vers 1590, étudia le dessin sous la direction paternelle ; il abandonna bientôt la peinture pour laquelle il n'avait pas beaucoup de disposition, et devint graveur-éditeur ; il n'a jamais habité Châlons, et comme il est né vers 1590, il n'a pu aider son père dans ses travaux à la cathédrale.

Elisabeth, unique fille de Claude, épousa Gilles Silvestre ; elle fut la mère du célèbre graveur, Israël Silvestre, dont la descendance existe encore aujourd'hui.

On peut fixer avec vraisemblance la mort de Claude Henriet en 1603, c'est du moins ce qui semble résulter d'un compte de 1607, dans lequel on lit qu'il fut payé à ses héritiers, par le trésorier de François de Vaudemont, une somme pour « une peincture faicte « par feu M° Claude Henriet, en juillet 1603, pour le « compte de Monseigneur. » A l'appui de cette assertion il est constaté que la pension annuelle de l'artiste cessa d'être payée en 1604; cette coïncidence, dit M. Meaume, me paraît une preuve suffisante du décès vers la fin de 1603 ou au commencement de 1604.

Claude Henriet fut inhumé dans l'église des Cordeliers de Nancy, près de la chapelle appelée la Rotonde; son tombeau fut détruit vers 1755, lors des réparations de l'église, et son portrait peint sur bois fut conservé dans sa famille; il est mentionné dans l'inventaire fait en 1691, après la mort d'Israël Silvestre, petit-fils de Claude Henriet.

Rien de l'œuvre de Claude n'est venu jusqu'à nous avec la trace de son origine; mais il n'en est pas moins prouvé qu'il fut l'un des bons peintres de son temps; comme tel il mérite de figurer près des Clouet, des Cousin, des Fréminet, des Pinaigrier. Son nom est désormais inséparable de celui de Callot, et sa ville natale, qui comptait déjà le peintre Simon parmi les fondateurs de l'école française, peut encore revendiquer une place honorable dans l'histoire de l'art pour Claude Henriet.

Sources à consulter : Félibien, *Vies des peintres.* — D. Calmet, *Bibliothèque lorraine.* — Husson, *Notes de l'éloge de Callot.* — Durival, *Mémoire sur la Lorraine.* — Meaume, *Recherches sur quelques artistes lorrains.* — Chaubry de Troncenord, *Recherches sur les peintres verriers champenois.*

Antoine FOURNIER, Rémois.

Si l'on juge du mérite d'un homme par ses bienfaits, Antoine Fournier doit occuper le premier rang parmi les Rémois célèbres. Venu avant Godinot, il s'est montré généreux avec une intelligence que l'on peut contester au vénérable chanoine, qui cependant efface dans la reconnaissance publique le souvenir de son prédécesseur. Le nom de Fournier est tellement oublié que son portrait manque au musée de Reims ; le nom d'aucune rue ne signale aux habitants la mémoire d'un homme qui dota sa patrie avec une munificence presque royale.

Antoine Fournier naquit à Reims en 1532 ; il fut placé par ses parents (1) dans l'abbaye de Saint-Denis, occupée alors par des chanoines réguliers. Il étudia sous la direction de ces religieux, qui n'épargnèrent aucun soin pour son éducation ; leurs efforts eurent un plein succès, et Fournier fut admis à faire profession le 1er juillet 1548, lorsqu'à peine il avait atteint sa seizième année.

Désireux de compléter ses études théologiques, le jeune profès quitta l'abbaye de Saint-Denis de Reims pour suivre les cours de l'Université, nouvellement fondée par Charles de Lorraine, cardinal archevêque de Reims. Ce prélat, digne appréciateur du mérite, distingua le modeste religieux, et pour l'encourager, le comprit au nombre des élèves entretenus à ses frais.

Après avoir brillamment soutenu ses thèses, Fournier obtint le titre de docteur en théologie et reçut la prêtrise en 1555. Prédicateur distingué, il annonça la parole divine dans plusieurs villes de France, notam-

(1) Simon Fournier et sa femme furent inhumés sur la paroisse de Saint-Denis.

ment à Paris, à Rouen, à Amiens, et même dans sa
ville natale. Son éloquence douce et persuasive le fit
choisir par le cardinal de Lorraine pour prêcher le
carême de 1561 à Metz. Cette ville, dont l'évêché dé-
pendait alors de l'archevêque de Reims, était, depuis
plusieurs années, divisée par les querelles religieuses,
et les doctrines calvinistes avaient amené de graves dé-
sordres ; aussi, pour aider Fournier dans sa tâche dé-
licate, le cardinal lui donna pour coopérateur le célèbre
jésuite Edmond Auger, qui devint plus tard confesseur
du roi de France, Henri III.

L'année suivante (1562), Fournier fut l'un des docteurs de France choisis par Charles IX pour assister
au Concile de Trente ; ce fait a été contesté par l'abbé
Hillet qui prétend que l'on a confondu un nommé
Robert Fournier, mort en 1563, avec notre compa-
triote ; cependant rien ne prouve cette erreur : Fournier peut avoir accompagné le cardinal de Lorraine au
Concile ; le fait est d'autant plus probable, qu'à son
retour de Trente, le cardinal tint à Reims un synode
pour introduire dans son diocèse les réformes ordon-
nées par le nouveau concile. Or, dès le 19 avril 1564,
Fournier avait été nommé, par le chapitre de Reims,
examinateur du synode qui eut lieu en novembre et en
décembre de la même année. L'inscription placée après
sa mort sous le portrait de Fournier, par les religieux
de Saint-Denis de Reims, indique aussi sa mission au
Concile, et nous pensons qu'il faut ajouter foi à cette
assertion, puisqu'à cette époque vivaient encore plusieurs personnages qui avaient assisté au célèbre
Concile (1).

Fournier, après la clôture du synode de Reims,
fut renvoyé à Metz pour y continuer ses prédications
contre les doctrines calvinistes. Il prêchait dans cette

(1) Pour en finir avec les erreurs biographiques, rappelons encore
que Fournier n'a jamais été franciscain et qu'il a été confondu avec
son homonyne, Antoine Fournier, chanoine de la cathédrale de Metz,
mort septuagénaire le 8 avril 1668.

ville, depuis plusieurs années, lorsqu'il fut choisi par
le cardinal de Lorraine pour le suivre à Rome après
le décès du pape Pie V. Le 15 mai 1572, Fournier
reçut du prieur de Saint-Denis la permission d'accompagner le prélat ; il séjourna neuf mois dans la capitale
du monde chrétien et rentra en France après avoir
écrit une relation des circonstances les plus remarquables de son voyage et des remarques sur les pro-
testants de Metz. Nous ignorons ce qu'est devenu cet
ouvrage.

L'érudition théologique de Fournier et la considé-
ration dont il jouissait déterminèrent le duc d'Anjou,
devenu roi de Pologne en 1573, à lui offrir des avantages considérables, s'il voulait le suivre dans son nouveau royaume en qualité de prédicateur ; Fournier re-
fusa les offres royales pour ne pas quitter l'archevêque
de Reims, qui récompensa bientôt le désintéressement
de son protégé en lui ouvrant le chemin de l'épiscopat.

Depuis longtemps, Charles de Lorraine, titulaire
de l'archevêché de Reims et de l'évêché de Metz,
convaincu de son impossibilité à gouverner ce diocèse,
cherchait un coadjuteur. Il avait d'abord choisi un de
ses neveux pour la charge de primicier ; mais l'ur-
gence d'une décision et la nécessité d'une réforme
diocésaine l'obligèrent d'abandonner son projet pour
désigner au souverain pontife Antoine Fournier, déjà
grand vicaire, comme candidat à la primicerie de
Metz, vacante par la démission du titulaire.

Le pape Grégoire XIII, qui avait personnelle-
ment connu Fournier lors de son voyage à Rome, ac-
cueillit favorablement la demande du cardinal de Lorraine, datée du 29 mars 1574. Au mois d'août suivant,
une bulle papale nomma Fournier évêque de Basilite,
suffragant de l'évêque de Metz, et lui assigna un traite-
ment de deux cents ducats d'or sur les biens de l'évêché ; de plus, il obtint la permission de se faire sacrer
par l'évêque de son choix ; la résignation de la primicerie fut admise en sa faveur, et il lui fut permis de

porter les habits pontificaux pour remplir les fonctions épiscopales avec la permission de l'évêque ; les dispenses pour cumuler la primicerie et sa pension, lui furent accordées, ainsi que la remise des excommunications qu'il pouvait avoir encourues ; enfin il fut ordonné au chapitre de Metz de payer la pension au nouvel évêque qui dut préalablement prêter serment de fidélité au Saint-Siége. Tous ces détails furent réglés par des bulles en date des 3, 4, 5 et 6 août 1574.

La tâche qui incombait à Fournier était immense ; on peut s'en faire une idée en songeant à l'état d'un diocèse privé d'évêque pendant plusieurs années ; aussi, pour remédier à cet état de choses, dès le 15 septembre 1574, l'évêque de Verdun mit Fournier en possession de la primicerie. Le 15 décembre suivant, le primicier envoya ses lettres pour sa prise de possession par procureur, qui eut lieu sept jours après (22 décembre). La mort imprévue du cardinal de Lorraine (26 décembre) vint retarder le sacre de Fournier et sa prise de possession définitive. Il ne nous appartient pas de juger ici l'archevêque de Reims ; nous rappellerons seulement que sa ville archiépiscopale lui doit son université, son imprimerie et d'innombrables bienfaits parmi lesquels on peut citer la nomination de l'évêque suffragant de Metz.

Le 20 mars 1576, Fournier prit possession de la primicerie (1). Cette dignité était à la nomination du roi et du pape ; elle donnait droit à plusieurs priviléges mentionnés par les historiens. « Le princier, « disent-ils, a une manse séparée de celle du chapitre « et qui consiste dans les terres de Chailly, de Cham- « pion, d'Attenville, de Rigrange et de Lerry. Il pré- « sente au chapitre le premier des sous-chantres ; il « désigne les ouvriers attachés à la cathédrale ; il

_____

(1) Cette date n'est pas celle donnée par l'histoire de Metz, qui indique le fait au 8 juin 1575, ainsi que le sacre au 11 mai 1576. Nous avons suivi, pour ces renseignements, les archives de l'abbaye de Saint-Denis.

« siége au chœur à la première place à droite de
« l'évêque; il officie aux premières et aux secondes
« vêpres, et à la messe solennelle, aux six grandes
« fêtes de l'année, savoir : aux deux fêtes de Saint-
« Étienne, à Noël, à Pâques, à la Pentecôte et à la
« Toussaint.

« Il préside au chapitre dans toutes les occasions
« où il ne s'agit pas de la manse capitulaire; il con-
« voque le clergé en l'absence de l'évêque et porte la
« parole dans les députations distinguées qui se font
« de la part du chapitre. » Le primicier ou princier
avait un logement spécial; son hôtel, qui existe encore
à Metz, est occupé aujourd'hui par le général com-
mandant la division; la rue qui y conduit porte le
nom de rue de la Princerie.

Avant de se fixer entièrement à Metz, Fournier se
rendit à Paris où il obtint, le 12 mai 1576, la permission de se faire sacrer dans ce diocèse; le sacre
eut lieu le lendemain 13, dans la chapelle intérieure
de l'infirmerie du couvent des chanoines réguliers de
Saint-Victor; l'évêque de Luçon, prélat consécrateur,
fut assisté par les évêques de Noyon et de Digne.

Aussitôt son retour à Metz, Fournier, par un acte
du 20 juin 1576, fut reconnu par le chapitre, suffragant et vicaire général de l'évêque qui mourut le 29
mars 1578. Un enfant de douze ans, Charles, fils du
duc de Lorraine, fut pourvu de l'évêché placé sous la
direction provisoire de Bousmard, évêque de Verdun,
et de Jean Aneth, chanoine de Metz. Ce dernier ayant
érigé à ses frais à la cathédrale, un autel sous l'invo-
cation de la Vierge et de saint Étienne, Fournier en
fit la consécration le 24 août 1583. Deux ans plus
tard, il fut chargé de l'administration spirituelle du
diocèse en attendant que le prélat eut atteint l'âge
canonique de trente ans. Profondément dévoué à son
ministère, il continua ses prédications et rendit aux
Messins les plus importants services. Député aux états
de Blois, il adressa, le 17 octobre 1588, au chapitre

de Metz, une dépêche dans laquelle il annonçait que le roi et ses ministres étaient résolus de comprendre Metz au nombre des bonnes villes du royaume.

Dispensé de l'âge canonique, l'évêque de Metz prit la direction du diocèse, en 1589, et fit choix de Fournier pour présider à la réforme des ordres religieux en Lorraine, et le 30 décembre 1591, il le nomma grand vicaire épiscopal. Après avoir reçu du vice-légat du pape les pleins pouvoirs dans les diocèses de Metz, Toul et Verdun (16 juin 1592), Fournier fut député aux assemblées ecclésiastiques tenues en 1595, et contribua aux succès de la réforme monastique qui fut terminée dans ces diocèses à la fin du seizième siècle.

Nous avons dit plus haut que l'un des bienfaits les plus remarquables du cardinal de Lorraine était la nomination de Fournier à la primicerie de Metz; en effet, ce poste avantageux mit l'ancien profès de Saint-Denis de Reims en état de prouver sa recounaissance à sa ville natale. En 1600, il fit rebâtir l'école de théologie de la cathédrale ; il acheta une maison et un jardin pour y établir l'école de médecine, et fit en même temps rétablir l'école de théologie à l'abbaye de Saint-Denis, qui venait, par une aventure singulière, d'être privée de son trésor (1). A la même époque, il acheta

(1) La nuict devant le xxviiie jour de mars (1601) dit Pussot, le trésor de l'église Sainct-Denis de Reims fut forcé, et pris tous les jouyaulx, croix et reliquaires d'or et d'argent d'icelle, même emporté le ciboire pendant au-dessus du grand aultel, dans lequel estaient six ou sept hosties consacrées, toutefois ledit ciboire n'estant que de cuyvre doré. Ce qui fut desrobé par meschans indignes de vivre, mais ne furent congnuz, et avaient entrez et sortys par une vittre de derrier ledit aultel, ce qui fut desplorable. Et depuis fut trouvé que ce avait esté faict par seullement deux hommes, l'un estant d'un lieu proche la ville de Metz en Lorraine, et l'aultre des environs de Brayne ; lesquels furent descouvers dans laditte ville de Metz, en vendant leur larrecin tout froissé et en pièces, et furent ramenez en cette ville de Reims et exécutez le sabmedy xviiie jour de may suyvant, savoir : menez au-devant de l'église Saint-Denys et du palays royal nuz en chemise, chacun la torche ardante en mains, ou firent amande hono-

à Metz une maison nommée « La joyeuse garde » pour y établir un couvent de jésuites. N'ayant pu exécuter sa résolution, il fit construire les bâtiments en novembre 1607, pour y placer des capucins.

Rappelé à Metz par le chapitre (16 février 1603), qui lui donnait avis du passage du roi ; Fournier retourna en Lorraine et complimenta Henri IV lors de son entrée à Metz, le 14 mars. L'année suivante, il fit rétablir à ses frais le jubé de l'église de Saint-Denis de Reims. Un témoin oculaire raconte ainsi ce qui se passa lors de la pose de la première pierre : « Le mar-
« dy xxviie juillet 1604 fut assize la premiere pierre
« de la fondation du fondement du pupistre de Sainct-
« Denys de Reims, qui se construisoit de massonne-
« rye, par Jehan et Nicolas Le Gendre, et Jehan Doriot,
« maistres massons et tailleurs de pierres, aux fraiz et
« despens de Monsieur Anthoine Fournier, religieulx
« dudict Sainct-Denys, docteur en théologie, princier
« de Metz ; et à la solicitude de Monsieur Anthoine
« Beauchesne, chanoyne et soubs-chantre de l'église
« de Reims, et aulmosnier de Madame de Saincte-
« Pierre dudict Reims ; et laquelle première pierre
« fut aussy assize par ledit Beauchesne pour ledit
« sieur Fournier, avec les solempnités requises et or-
« dynaires (1). »

La même année (22 novembre 1604), pour compléter la fondation de la chaire de théologie à laquelle il avait assigné 200 livres de rente, Fournier fonda six bourses pour six bacheliers qui eureut chacun 50 livres de pension ; on exigeait deux candidats de

rable, d'ilecq menez au marché au bled, ou furent liez chacun en un poteau, leur main dextre couppée et iceux brulez tous vifz. Et le lendemain dymanche xixe may, lesdits jouyaulx pour la pluspart représentez tant en pièces que entiers, sur le grand aultel, et fin des vespres et procession, chanté les Te Deum par les religieulx. Le tout en ladite église de Sainct-Denys.

(1) Ce jubé fut démoli et transporté, ainsi que l'autel, au fond de la nef de l'église en 1720, par le P. Vaudin, prieur de l'abbaye, grand admirateur des prétendus embellissements du xviiie siècle.

chaque licence originaires de **Reims** ou du territoire ;
ils étaient tenus d'assister aux leçons et de restituer
les sommes reçues, s'ils abandonnaient leurs études.

Les honoraires du professeur de théologie à l'abbaye de St-Denis furent fixés à cent vingt livres, et pour
assurer l'exécution de cette fondation qui prit le nom
de fondation Furnerienne, il nomma une commission
composée du doyen de la cathédrale de **Reims**, du
doyen de la faculté de théologie et du prieur de l'abbaye de St-Denis. Ces intendants, qui touchaient
chacun 12 livres d'honoraires, avaient le choix des
professeurs de théologie que l'on devait prendre autant que possible parmi les religieux de **Saint-Denis**.
Le receveur des biens de la fondation avait deux sous
par livre sur la recette ; il rendait ses comptes chaque
année devant les intendants et les doyens des facultés
de théologie, de médecine et de droit, qui touchaient
chacun trente sous à chaque compte ; les honoraires
du bedeau de l'**Université** étaient fixés à trois livres ;
enfin, le sonneur de l'abbaye de **Saint-Denis**, qui sonnait la cloche l'espace d'un quart d'heure avant chaque
leçon, touchait annuellement six livres.

Pour garantir encore les intérêts des fondations, il
fut stipulé que les comptes seraient représentés à la
faculté de théologie dont les docteurs touchaient quatre
sous chacun ; et pour faire le compte, Fournier fit frapper cinquante jetons d'argent sur lesquels on voyait
d'un côté les armoiries de la maison de Lorraine et ces
mots : *Lucere ubi lucere* ; au revers, les mots : *Majori custodia custodior*, rappelaient aux intendants
l'origine et le but de leur emploi. Le jour de la reddition de ces comptes, le receveur touchait trente livres
sur la recette pour donner un repas aux intendants,
syndics, doyens et bedeau ; enfin, le jour de l'obit de
Fournier, qui se célébrait tous les ans à **Saint-Denis**
le jour de la fête de saint **Thomas-d'Aquin**, le receveur
donnait à chacun des intendants, professeur et sacristain, dix sous, au bachelier et au bedeau, cinq sous ;

il touchait également cinq sous et devait faire les invitations la veille de l'obit.

Infatigable dans ses bienfaits, Fournier, le 5 octobre 1607, donna des ornements et de l'argenterie à plusieurs églises. L'année suivante, il coopéra à l'établissement des jésuites, à Reims, par le don d'une somme de trois mille six cents livres. En août 1608, le provincial, en remerciant Fournier de sa bienfaisance, sollicitait, en homme prévoyant, l'application à leur collége de la fondation faite à l'université, dans le cas possible, disait-il, où cette fondation ne serait pas exécutée; il envoyait en même temps un tableau enrichi des reliques de saint Ignace, un chapelet fabriqué avec des cornes de buffle et une médaille indulgentiée. Le 29 août 1608, il accusa réception de la somme de 3,600 livres; il écrivit encore à Fournier pour l'avertir que leurs constitutions leur défendaient d'engager leur parole sur la théologie, la prédication et les messes, ce qui ne permettait pas de mettre dans leur collége un régent pour enseigner la positive et les cas de conscience; il terminait en le priant d'accorder à leur collége la rente de 200 livres dont il pouvait disposer.

La fin des travaux entrepris à l'abbaye de St-Denis rappela Fournier dans sa ville natale au mois de mai 1609. Pendant son séjour à Reims, il fit toutes les fonctions épiscopales, et par l'entremise de son neveu, Antoine Beauchêne, il fit don à la cathédrale d'une clochette d'argent qui fut suspendue à une colonne pour être agitée pendant la messe, au moment de l'élévation.

Pussot, dans son Journalier, mentionne la présence de Fournier et l'accueil sympathique qu'il recevait de la population remoise. « Le xxe jour de « may 1609, dit-il, ledit M. Fournyer, évesque prin- « cier de Metz, consacra les aultées du pupittre de « Sainct-Denys de Reims, et s'y bénist plusieurs aorne- « ments ; puis administra le sacrement de confirma-

« tion ledit jour et aultres jours suyvans, où y eut
« grand désordre à cause de l'affluence du peuple, et
« principallement le premier jour. »

Quelques jours plus tard (2 juin), Fournier fonda
la messe de la Ste-Croix. Tous les vendredis des
quatre-temps, on devait chanter à cette messe le *Sta-
bat mater* et *bone pastor* à l'élévation du Saint-
Sacrement (1) pour l'obit fondé après l'octave de la
Nativité, il fut délaré qu'au moment où le diacre, le
sous-diacre et l'acolyte donneraient à laver au célé-
brant, ce dernier dirait à haute voix : *Memento pri-
micerii metensis et amicorum ejus*, et qu'à la fin
de l'office, les religieux distribueraient 200 pains blancs
semblables aux leurs, aux pauvres de la paroisse. Pour
l'acquit de ces fondations, l'abbaye de St-Denis reçut
des ornements, des vases sacrés en argent, et la somme
de trois mille livres.

Après son retour à Metz, Fournier, prévoyant sa fin
prochaine, désigna, malgré la défense royale, un coadjuteur pour la primicerie. Cet épisode a été raconté
par les historiens : « Antoine Fournier, disent-ils, suf-
« fragant de cette ville, était primicier de la cathédrale ;
« il désirait, depuis plusieurs années, de se donner un
« coadjuteur dans cette dernière dignité ; mais le dé-
« funt roi (Henri IV) lui avait fait défense, par lettres
« expresses, soit de la résigner, soit d'élire un coad-
« juteur, soit d'en pourvoir de quelque manière que
« ce pût être, à l'insçu et sans l'agrément de sa ma-
« jesté. Dès le lendemain qu'on sut à Metz le décès
« du roi, Fournier se nomma un coadjuteur, sans en
« rien communiquer aux officiers royaux, et fit venir
« de Nancy des témoins et des notaires qui stipulèrent
« et signèrent dans sa maison les actes nécessaires, à
« la requête du substitut du procureur général, en date

---

(1) Le vi^e juin (1611) mardy des octaves de la feste du Sainct-
Sacrement suyvant, fut faict, à dix heures du matin, la première procession en l'église et préhault de Sainct-Denys de Reims, de la fondation dudit Monsieur Fournier, princier de Metz. (Pussot.)

« du 13 juillet (1610), le tout fut déclaré nul. L'an-
« cien primicier demanda depuis l'agrément du roi
« Louis XIII et se choisit un autre coadjuteur en la
« personne d'Antoine Roucels de Vagny. »

Fournier ne survécut guère à cet incident, il mourut le 25 novembre 1610, et fut inhumé dans l'église
des capucins de Metz; ses armoiries (de gueules à trois
palmes d'argent posées deux et une) furent gravées sur
sa dalle tumulaire, et son cœur, rapporté à Reims, fut
déposé sous une dalle noire dans la nef de l'église
Saint-Denis.

Par son testament, il légua de l'argenterie à la cathédrale de Metz ; sa bibliothèque fut donnée aux capucins de la même ville, et Antoine Beauchène, son neveu, exécuta ses dernières volontés en ce qui concer-
nait la ville de Reims.

Le 9 août 1611, il donna à l'abbaye de Saint-Denis,
au nom de Fournier, des terres et des prés à Saint-
Germain-Mont (Ardennes), pour la fondation définitive d'une procession, le mardi de l'octave du Saint-
Sacrement.

Par un acte du 31 janvier 1613, Antoine Beauchène
donna, au nom de Fournier, à la faculté de théologie
plusieurs héritages produisant environ 1,800 livres de
rente, à la condition de payer annuellement : 1° 100
livres de pension à chacun des professeurs en droit
canon et civil, dont la nomination appartenait aux intendants de la fondation ; 2° 100 livres aux deux docteurs en médecine, et dans le cas qu'il n'y ait qu'un
professeur de chaque faculté, ils devaient toucher chacun deux cents livres.

Enfin, pour terminer ces donations, trente livres
tournois de pension annuelle furent assignées à deux
bacheliers natifs de Reims ou du diocèse de chacune
des deux facultés, à condition « que lesdits bacheliers
« assisteront continuellement aux leçons et disputes
« publiques qui se feront, savoir : celles des loix,

« aux écoles de Notre-Dame de Reims, où à présent
« se font les écoles publiques de théologie, suivant la
« permission qu'il a plu à Messieurs de ladite église
« Notre-Dame, accorder au sieur Beauchêne, en con-
« sidération que lesdites écoles ont été la plus grande
« partie rebâties à neuf des deniers dudit sieur évêque,
« en l'année 1600, et au regard des droits qui se
« paient par chacun gradué desdites écoles de Notre-
« Dame, ils seront perçus par le receveur de la fa-
« brique pour être employés à l'entretien des écoles ;
« et pour la leçon de médecine, aux écoles de méde-
« cine appelées *Scholæ medicorum à duobus An-*
« *toniis institutæ,* naguères acquises et bâties à
« neuf aux dépens dudit feu évêque. »

Toutes ces fondations disparurent à la fin du
xviiie siècle, et Reims depuis cette époque a perdu
l'école de droit et de théologie. La faculté de médecine nouvellement rétablie promet de marcher sur les
traces glorieuses des professeurs de l'ancienne école.
Elle saura, nous l'espérons, conserver aux âges futurs
le nom de l'humble religieux Antoine Fournier, son
premier fondateur après le cardinal de Lorraine.

Sources à consulter : Marlot, *Histoire de la ville
de Reims. — Almanach de Reims,* 1783. — *Archives* de l'abbaye de Saint-Denis de Reims.

Documents particuliers.

Dom BROCQ, Châlonnais.

« Ce serait une belle histoire à écrire, dit M. l'abbé
« Bandeville, que celle des bénédictins de la Cham-
« pagne : l'origine, la propagation, les progrès, la
« décadence, les réformes des différentes maisons ;
« l'influence religieuse, morale, politique, littéraire,
« artistique qu'elles exerçaient autour d'elles ; les
« hommes célèbres qui s'y étaient formés, les œuvres
« qu'ils y avaient produites, toutes ces considérations
« pourraient fournir autant de chapitres d'un haut
« intérêt. »

Malheureusement l'auteur de ces lignes, dans son
mémoire sur l'influence des bénédictins en Champagne, s'est borné à tracer l'esquisse de l'ouvrage qu'il
proposait, et son projet n'ayant pas été repris, les bénédictins nés dans le département de la Marne atten-
dent encore leur histoire. C'est à ce futur travail
biographique, où l'on verrait l'histoire vivante de nos
contrées depuis le vi^e jusqu'au xviiie siècle, que nous
voulons apporter notre petite pierre, en signalant un
chercheur infatigable, un savant érudit oublié dans la
biographie châlonnaise.

Brocq (Dom Théodore), naquit à Châlons-sur-
Marne en 1684 ; il entra dans la congrégation de
Saint-Vanne et de Saint-Hydulphe et fut admis à faire
profession le 4 juin 1704, à l'abbaye de Saint-Vincent.
Envoyé ensuite à l'abbaye de Saint-Arnoul de Metz, il
y résida toute sa vie.

Vers l'année 1750, il commença ses études sur
l'histoire et l'antiquité de la ville de Metz. Pendant
près de vingt ans, il n'épargna ni soins, ni démarches
pour se procurer les documents originaux et la com-
munication des travaux historiques de ses prédéces-

seurs. Secondé dans son projet par l'obligeance des curieux qui lui ouvrirent leurs cabinets, il parvint, après un travail assidu, à réunir tous les renseignements connus sur l'histoire, les mœurs et la biographie du pays Messin.

Dom Brocq, au début de ses recherches, avait écrit un excellent mémoire biographique sur la vie de saint Arnoul, évêque de Metz ; il y avait joint une dissertation sur le roi Louis-le-Débonnaire et la reine Hildegarde. Sollicité par plusieurs de ses confrères, il détacha ce curieux mémoire de son grand ouvrage, et le 20 septembre 1744, il le présenta au dauphin qui se trouvait alors à Metz.

Nous avons dit que dom Brocq n'avait rien négligé pour rassembler des documents sur l'histoire de Metz, il fit plus encore, il examina lui-même les monuments dont il avait à parler sans se rapporter aux descriptions écrites.

« En 1748, dit-il, le 22 du mois d'août, j'ai eu « l'honneur d'accompagner le R. P. Augustin Calmet, « abbé de Sénones, visitant tous les reliquaires (*sic*) « trésor de la cathédrale les uns après les autres.

Enfin l'ouvrage fut terminé en 1746 et communiqué aux savants, qui s'accordèrent à louer les recherches de l'auteur en l'engageant à publier son manuscrit, qu'il eut l'intention de dédier au maréchal duc de Belle-Isle, gouverneur de Metz. L'abbé Josset, chanoine et trésorier de la cathédrale de Metz, prédicateur du Roi, qui avait été chargé de demander l'agrément du maréchal, en reçut la réponse suivante :

« Monsieur, j'accepte volontiers l'offre que vous me « faites au nom de dom Brocq, bénédictin de Saint- « Arnoul de Metz, par mon amour pour cette ville et « par l'opinion que vous m'inspirez du livre de ce « religieux.

« A Nice, le 2 décembre 1748. »

Le maréchal étant revenu à Metz l'année suivante, désira voir le recueil qui lui fut aussitôt présenté et qu'il lut avec beaucoup d'intérêt.

« Quoique je l'aye ensuite perfectionné et augmenté
« de près de six cents pages contenantes plusieurs autres
« histoires curieuses sur Metz, j'ai appréhendé, dit dom
« Brocq, d'être justement accusé de témérité si je lui
« dédiais, parce que le style simple de cet ouvrage
« pourrait ne pas faire assez d'honneur à un aussi
« grand seigneur et si illustre membre de l'Académie
« françoise, c'est pourquoi j'ai cru devoir supprimer
« l'épître dédicatoire que j'avais faite pour être mise
« au frontispice de cette nouvelle histoire de Metz. »

Plus loin dom Brocq ajoute : « Ayant communiqué
« cet ouvrage à trois des plus sçavans conseillers au
« Parlement de Metz pour sçavoir ce qu'ils en pen-
« saient, ces Messieurs ont eu la bonté de m'honorer
« chacun d'une lettre gracieuse, par lesquelles ils
« approuvaient ma nouvelle histoire de Metz, et me
« témoignaient le désir qu'ils ont de la voir imprimée ;
« il suffira de rappeler ici la lettre de M. de Lançon,
« conseiller audit Parlement, lequel par sa sagesse
« admirable, sa science profonde et ses grands mérites
« a été depuis peu choisi et nommé par le roi pour
« la dignité de maitre échevin de la ville de Metz, ce
« qui a causé une joye universelle dans tous les cœurs
« des citoyens qui depuis longtemps l'honorent et
« l'estiment infiniment. »

La lettre de M. de Lançon est datée du 13 avril
1746 ; ses éloges furent confirmés par Bertrand et
Descartes, conseillers au Parlement, ainsi que par
Delacroix, lieutenant de la police. Dom Guillemin,
supérieur de la congrégation de Saint-Vanne et prieur
de Saint-Manusy de Toul, en rendit également un té-
moignage favorable le 10 avril 1747, mais la meilleure
approbation fut celle de dom Calmet, qui écrivit à
l'auteur la lettre suivante :

« Mon Révérend Père,

« J'ai lu avec beaucoup de plaisir la dissertation que
« vous avez composée pour prouver que le corps de la

« reine Hildegarde, seconde épouse de Charlemagne,
« et celui de l'empereur Louis-le-Débonnaire, fils du
« même empereur, reposent encore aujourd'hui dans
« l'église de l'abbaye de Saint-Arnoul de Metz.

« Vous portez vos preuves sur cette matière jus-
« qu'à la démonstration, je suis persuadé que toute la
« province et en particulier la ville de Metz, vous
« sçauront gré d'avoir éclairci ce point d'histoire.

« Je ne doute pas même que Messieurs de l'abbaye
« de Kempten en Souabe, sages, équitables et judi-
« cieux comme ils sont, ne se rendent volontiers à la
« force et à la clarté de vos raisons.

« J'ai lu de même les vies de saint Arnoul et de
« Louis-le-Débonnaire avec votre recueil historique
« sur la ville de Metz que je vous renvoye : j'y ai
« trouvé quantité de bonnes choses et des recherches
« utiles ; je suis persuadé que le public et surtout la
« ville de Metz le verront avec plaisir. J'ai profité
« de vos recherches et de vos découvertes, je vous en
« suis très-obligé.

 « Je suis, de tout mon cœur, votre très-humble
  « et très-affectueux serviteur.

  « D. A. CALMET, abbé de Sénones.

« Ce 7 mai 1747. »

Dom Brocq ajoute à cette lettre : « Notez que le
« R. P. abbé, dans son dernier ouvrage intitulé *No-*
« *tice sur la Lorraine,* imprimé à Nancy en 1746,
« en parlant de moi expressément, a renouvelé et
« confirmé cette approbation. »

Rien ne manquait à la gloire du modeste Châlon-
nais, qui songea sérieusement à faire imprimer son
travail, mais ayant appris que dom François et dom
Tabouillot travaillaient à une histoire de Metz, il re-
nonça à la publication de l'œuvre à laquelle il avait
voué sa vie.

L'ouvrage manuscrit de dom Brocq, conservé à la

bibliothèque de Metz, est intitulé : *Recueil historique de ce qui est arrivé de plus remarquable
dans la ville de Metz depuis le temps de Jules
César jusqu'en* 1756. Ce recueil contient 1,120 pages
non compris les titres, tables et approbation. L'auteur,
en attendant la publication promise par ses confrères,
fit plusieurs additions à son ouvrage ; il y ajouta no-
tamment un mémoire sur la constitution républicaine
de Metz, la milice, les casernes, etc., etc. Il s'est
expliqué en ces termes sur ces additions : « Voyant
« après neuf ou dix ans d'attente qu'elle (l'histoire de
« Metz par dom François et dom Tabouillot) ne
« paraissait pas, je me suis appliqué à polir ce recueil
« autant qu'il m'a été possible, j'en ai retranché
« quelques faits trop peu importants ; mais parce que
« quelques-uns m'ont reproché que mon dessein n'é-
« tait pas assez rempli, j'y ai ajouté près de six cents
« pages qui contiennent plusieurs autres histoires
« curieuses et intéressantes surtout pour les Messins. »

Dom Brocq, désireux de garder l'anonyme, avait
ajouté à son manuscrit, dont il fit plus tard trois abrégés, la recommandation suivante : « Si l'on juge cet
« ouvrage digne d'être imprimé après qu'il aura été
« corrigé, je supplie l'imprimeur de ne point mettre
« mon nom qui ne mérite que d'être oublié pour tou-
« jours, mais seulement ces mots : par un ancien
« religieux de Metz, ou seulement la figure de trois
« petites étoiles »

Sur l'un des abrégés de son recueil, conservé avec
deux autres manuscrits originaux à la bibliothèque de
Metz, dom Brocq a mis la note suivante qui inté-
resse spécialement la ville de Châlons-sur-Marne ;

« Ce manuscrit contenant l'histoire de Metz appar-
« tient au Père Théodore Brocq, religieux de Saint-
« Arnoul de Metz et profès de l'abbaye de Saint-
« Vincent, le 4 juin 1704, appartient à présent à
« l'abbaye de Saint-Vincent de Metz, à laquelle j'ose
« en faire présent en 1760, quoiqu'elle soit très-im-

« parfaite. L'histoire générale de Metz, composée par
« le **R. P.** Cajot, par le **R. P.** sous-prieur de Saint-
« Symphorien, dom **J.** François (1), et dom Ta-
« bouillot, qu'on imprime actuellement, contiendra
« beaucoup plus, j'en serais ravi. Cette histoire, que
« j'ai abrégée, est tirée de mon recueil historique que
« j'ai fait il y a quelques années, contient près de
« 1,200 pages in-4° : j'en ai fait quatre exemplaires
« qui contiennent chacun autant de pages.

« Mes parents de Châlons me les ayant demandés
« avec empressement, je leur en ai donné trois exem-
« plaires et j'ai réservé le quatrième pour la biblio-
« thèque de Saint-Arnoul de Metz, ensuite je me suis
« amusé à en faire deux abrégés pareils à celui-ci,
« dont la lecture n'en nuira pas tant ; si on y trouve
« quelque chose de bon, Dieu seul en soit glorifié.
« Ainsi soit-il.

« Mon âge de près de 76 ans ne me permet pas
« de corriger cet ouvrage et de le recommencer, car
« je ne saurais plus écrire et ne fais que griffonner,
« je me recommande donc aux saintes prières de mes
« lecteurs pour obtenir de Dieu une sainte mort, qui
« n'est pas éloignée et que je n'ai pas méritée.

« Le trop peu de liberté que j'ai eue pour chercher
« les plus anciennes chroniques de cette ville et pour
« consulter les savants, ce qui joint à la très-grande
« surdité, dont il a plu très-justement au Seigneur de
« m'affliger, et à mon très-petit génie, sont cause que
« cette histoire est si imparfaite. Je suis ravi que
« l'ayant prêtée il y a quelques années à quelques-uns
« de nos révérends Pères, ils en ayent pris occasion
« d'en composer une meilleure qui satisfera le public.
« Fiat, fiat.

« En attendant que cette nouvelle histoire soit
« achevée d'imprimer, on pourra s'amuser à lire ce

---

(1) Auteur d'une histoire manuscrite du diocèse de Châlons-sur-
Marne, conservée à la bibliothèque de cette ville. Grand vol. in-quarto.

« brouillon ; quoique très-mal écrit, je souhaite qu'il
« soit mis parmi les manuscrits de la bibliothèque de
« Saint-Vincent et qu'il y reste toujours. »

Des trois exemplaires envoyés à Châlons-sur-Marne,
nous n'en connaissons qu'un seul conservé à la bibliothèque de cette ville ; il est intitulé :

*Nouvelle histoire de Metz, ou recueil histo-
rique de ce qui est arrivé de plus remarquable
et de plus certain dans cette ancienne célèbre cité
et aux environs, depuis le temps de Jules César
jusqu'en l'année 1756 inclusivement.* Manuscrit en
deux volumes in-folio. L'écriture, quoique lisible se
ressent de la vieillesse de l'auteur. Le tome premier
est orné d'un portrait du comte de Belle-Isle, gravé
par Desrochers ; le second, d'un plan (manuscrit) de
Metz, assiégé par l'empereur Charles V, en 1552, par
Solignac Messin ; enfin dans le même volume on trouve
encore des vers sur dom Calmet et un cahier concer-
nant l'histoire des Juifs.

Dom Brocq n'eut pas la satisfaction de voir terminer
la publication de l'histoire de Metz ; il mourut le 9
avril 1762. Son travail a beaucoup servi aux historiens
du pays Messin, mais on peut lui reprocher d'être
écrit sur un plan mal conçu et de manquer de critique.
D'ailleurs, à son époque, la science archéologique,
bibliographique et numismatique était à peu près nulle,
et ses travaux, curieux à plus d'un titre, doivent être
considérés comme un excellent recueil de documents
et non comme une histoire telle que la comprennent
les écrivains modernes.

La famille Brocq portait d'azur à la bande fuselée
d'or.

Documents particuliers.

Châlons-sur-Marne, imprimerie de J.-L. Le Roy.